AF717021

Mit Maldiktaten verstehendes Zuhören in der Grundschule fördern

Vorlagen und Ideen für kurze bis stundenfüllende Einheiten

Magdalena Strasser

ab Klasse 2

Verlag an der Ruhr

Impressum

Titel
Mit Maldiktaten verstehendes Zuhören in der Grundschule fördern
Vorlagen und Ideen für kurze bis stundenfüllende Einheiten – ab Klasse 2

Autorin
Magdalena Strasser

Illustrationen
Bettina Weyland – wenn nicht anders angegeben

Druck
Athesia Druck GmbH, Bozen, IT

Verlag an der Ruhr
Mülheim an der Ruhr
www.verlagruhr.de

Geeignet für die Klassen 2–4

Urheberrechtlicher Hinweis
Das Werk und seine Teile sind urheberrechtlich geschützt. Jede Verwendung in anderen als den gesetzlich zugelassenen Fällen oder außerhalb dieser Bedingungen bedarf der vorherigen schriftlichen Einwilligung des Verlages. Im Werk vorhandene Kopiervorlagen dürfen vervielfältigt werden, allerdings nur für Schüler*innen der eigenen Klasse/des eigenen Kurses. Die dazu notwendigen Informationen (Buchtitel, Verlag und Autorin) haben wir für Sie als Service bereits mit eingedruckt. Diese Angaben dürfen weder verändert noch entfernt werden. Die Weitergabe von Kopiervorlagen oder Kopien (auch von Ihnen veränderte) an Kolleg*innen, Eltern oder Schüler*innen anderer Klassen/Kurse ist nicht gestattet.
Der Verlag untersagt ausdrücklich das Herstellen von digitalen Kopien, das digitale Speichern und Zurverfügungstellen dieser Materialien in Netzwerken (das gilt auch für Intranets von Schulen und sonstigen Bildungseinrichtungen), per E-Mail, Internet oder sonstigen elektronischen Medien außerhalb der gesetzlichen Grenzen. Kein Verleih. Keine gewerbliche Nutzung.

Näheres zu unseren Lizenzbedingungen können Sie unter www.verlagruhr.de/lizenzbedingungen nachlesen.

Bitte beachten Sie zusätzlich die Informationen unter www.schulbuchkopie.de.

QR Code is registered trademark of DENSO WAVE INCORPORATED

© Verlag an der Ruhr 2023
ISBN 978-3-8346-6216-3

Inhalt

Vorwort 4

→ 5-MINUTEN-MALDIKTATE **7**

Clown 8
Eis 9
Frühlingswiese 10
Geburtstags-Muffin 11
Haus 12
Menschen 13
Sommer-Getränk 14
Spinne 15
Traktor 16
Winter 17
Reflexionsbogen 1 ..... *18*

→ 15-MINUTEN-MALDIKTATE **19**

Rollenkarte „Sprecher/Sprecherin“ *20*
Rollenkarte „Maler/Malerin“ *21*
Rollenkarten-Set *22*
Formen 23
Gedeckter Tisch 24
Osterei 26
Schultisch 28
Sombrero-Hut 30
Reflexionsbogen 2 ..... *32*

→ 45-MINUTEN-MALDIKTATE **33**

Boot 34
Igel 37
Kostümfest 40
Laterne 43
Vogelhaus 45

Link-Liste 48
Download-Zugang 48

Vorwort

Darum geht's

In diesem Buch finden Sie 20 Maldiktate, die für die Klassen 2–4 konzipiert wurden.
Was Maldiktate sind, verrät das Wort an sich: Es wird diktiert und gemalt. Je nach Sozialform können die Kinder sich dazu gegenseitig Anweisungen vorlesen oder Bilder beschreiben, in Einzelarbeit eingesprochene Texte mittels QR-Codes anhören oder im Klassenverband der diktierenden Lehrperson aufmerksam zuhören. Das Diktierte wird dabei in Form eines Bildes festgehalten. Dies erfordert ein hohes Maß an Konzentration und die Fähigkeit, genau hinzuhören.

Die 20 Angebote sind in 5-, 15- und 45-Minuten-Maldiktate unterteilt und bieten so verschiedene Einsatzmöglichkeiten vom Lückenfüller über kleine Paar- und Gruppenarbeiten bis hin zu stundenfüllenden Einheiten.

✿ Das wird mit Maldiktaten gefördert:

- ✔ Hörverstehen
- ✔ Wortschatz zu alljährlichen und alltäglichen Themen
- ✔ Sprechen in ganzen Sätzen
- ✔ räumliche Wahrnehmung
- ✔ Achten auf Details
- ✔ Konzentration

✿ Das wird für Maldiktate gebraucht:

Grundsätzlich wird jeweils am Anfang eines jeden Maldiktats aufgelistet, was benötigt wird. Folgende Grundausstattung sollte vorhanden sein:

- ✔ Papier (DIN A5, A4 und A3)
- ✔ Buntstifte (keine Filzstifte!)
- ✔ Radiergummi
- ✔ Schere und Kleber
- ✔ evtl. Anspitzer

✿ Diese Einsatzmöglichkeiten gibt es:

➔ 5-Minuten-Maldiktate:
- Einzelarbeit (mit QR-Code)
- Paar- und Gruppenarbeit
- Arbeit im Plenum (z. B. als Lückenfüller)

➔ 15-Minuten-Maldiktate:
- Paar- und Gruppenarbeit
- Arbeit im Plenum

➔ 45-Minuten-Maldiktate:
- Arbeit im Plenum(z. B. als eigenständige Kunststunde)

So geht's

Bei jedem Format empfehle ich, das Maldiktat zunächst einmal vollständig anzuhören. So können sich die Kinder ein gedankliches Bild im Kopf zurechtlegen und damit die Größen und Proportionen besser einschätzen.
Beim zweiten Durchgang setzen die Kinder die Anweisungen auf dem Papier um. Hierbei ist darauf zu achten, zwischen den Absätzen ausreichend Pausen einzulegen. Anschließend wird das Maldiktat noch einmal vorgelesen und die Kinder erhalten die Möglichkeit, das Gemalte zu überprüfen und ggf. auszubessern und zu ergänzen.

✿ 5-Minuten-Maldiktate:

Vorbereitung:
Legen Sie ausreichend Papierblätter (z. B. DIN A5 oder DIN A4) bereit.
Wird das Maldiktat für die **Einzelarbeit** angeboten, sollten Sie darüber hinaus mehrere Tablets zur Verfügung stellen und mit den Kindern besprechen bzw. wiederholen, wie sie QR-Codes einscannen und die Inhalte abrufen können.

Vorwort

Für die Arbeit in **Paaren oder Kleingruppen** ist die Verwendung des Rollenkarten-Sets (S. 22) empfehlenswert. Die Karten können Sie auf festerem Papier farbig ausdrucken und zur längeren Haltbarkeit laminieren.

Durchführung:
In **Einzelarbeit** scannen die Kinder den QR-Code ein. Hinter diesem ist der Text als Audiospur hinterlegt und kann von jedem Kind (z. B. mit Kopfhörern) im eigenen Tempo angehört werden. Das Maldiktat wird in einem langsamen Tempo diktiert und kann jederzeit gestoppt bzw. pausiert und wiederholt werden. Alle Arbeitsschritte werden nacheinander vorgelesen, sodass das Kind das Gehörte in einem Bild schrittweise umsetzen kann.

Verwenden Sie das Maldiktat für die **Paar- oder Gruppenarbeit**, kann ein Kind den Text vorlesen und die anderen Kinder malen, entsprechend den Anweisungen, das Bild. Für die Rollen können Sie den Kindern die vorbereiteten Karten zuweisen oder jedes Kind verdeckt eine Karte ziehen lassen.

Als frontal eingesetzter **Lückenfüller** sollten Sie für das Maldiktat auch Zeit zum Austeilen der leeren Papierblätter und Bereitmachen des Arbeitsplatzes einplanen. Bei Lerngruppen, die mit dem Format vertraut sind, reichen ca. 10 Minuten (ca. 5 Minuten für die Vorbereitung und ca. 5 Minuten für die reine Durchführung). Sobald alle Kinder bereit sind, lesen Sie den Text 3-mal langsam und Absatz für Absatz vor. Sollten Sie sehr leistungsstarke Kinder in der Klasse haben, können Sie auch mal ein Kind bestimmen, das den anderen das Maldiktat vorlesen darf. Unterstützen Sie es, indem Sie Handzeichen für Pausen und Tempo geben.

Abschluss:
Je nach Sozialform können Sie die Kinder in **Einzel-, Paar- und Gruppenarbeit** entweder den Reflexionsbogen 1 (S. 18) ausfüllen lassen (dann ca. 5–10 Minuten mehr Zeit einplanen) oder gemeinsam einige Bilder besprechen bzw. eine Kunstwerksbetrachtung durchführen. Hier sind der Umsetzung keine Grenzen gesetzt. Ich persönlich würde die Kunstwerke aus den Einzel-, Paar- und Gruppenarbeiten in einer Kunstmappe sammeln und am Ende der Einheit gemeinsam mit der Klasse begutachten.

✿ 15-Minuten-Maldiktate:

Vorbereitung:
Legen Sie die entsprechende Zeichenvorlage in Klassenstärke oder ausreichend Papierblätter (z. B. DIN A5 oder DIN A4) bereit.
Kopieren Sie die Rollenkarten (S. 20/21) für eine längere Haltbarkeit auf festeres Papier. Zeigen Sie der Klasse die beiden Karten und besprechen Sie diese gemeinsam mit den Kindern.

➔ „Sprecher/Sprecherin" – Auf dieser Karte finden die Kinder mögliche Satzanfänge und wichtige Wörter, die sie zum Beschreiben der Bilder nutzen können.

➔ „Maler/Malerin" – Auf dieser Karte finden die Kinder mögliche Fragen, mit denen sie um mehr Informationen bitten können.

Hierzu sei gesagt, dass dieses Beschreiben und Nachfragen für Kinder anfangs eine Herausforderung ist und zunächst geübt werden muss. Geben Sie den Kindern ein paar Beispiele an die Hand und greifen Sie bei Bedarf auch während der Durchführung unterstützend ein.
Sind den Kindern die Fragen und Wörter auf den Rollenkarten klar, kann begonnen werden.

Durchführung:
Für die **Paar-/Gruppenarbeit** erhält ein Kind die Karte „Sprecher/Sprecherin" (S. 20) sowie eine Bildvorlage mit dem fertigen Bild. Das Kind soll nun versuchen, das Gesehene für das malende Kind bzw. die malenden Kinder möglichst detailgetreu zu beschreiben.

Vorwort

Das oder die anderen Kinder nehmen sich ein Blatt Papier oder die passende Zeichenvorlage zum Bild und hören den Beschreibungen des sprechenden Kindes genau zu. Entstehen Unklarheiten, sollen die Kinder Nachfragen stellen. Dabei hilft ihnen die Rollenkarte „Maler/Malerin" (S. 21). Ziel ist es, das Gehörte wieder als Bild umzusetzen.

Setzen Sie das Maldiktat **im Plenum** ein, beschreiben Sie oder ein Kind die Bildvorlage für die Klasse. Die zuhörenden Kinder versuchen, das Gehörte umzusetzen und das Bild möglichst genau auf Papier zu bringen.

Abschluss:
In Paar- und Gruppenarbeiten, z. B. mit Reflexionsbogen 1 (S. 18), aber auch bei der Arbeit im Plenum sollen die Kinder die Bilder miteinander vergleichen und besprechen, was gleich ist und wie die unterschiedlichen Ergebnisse entstanden sein könnten. Anschließend wird das Original dazugelegt bzw. frontal gezeigt. Die Kinder sollen dann die Unterschiede zwischen Vorlage und Endergebnissen herausarbeiten und erklären, wie es dazu gekommen ist. Hier bietet sich z. B. eine Kunstwerksbetrachtung an. Als Alternative für zu Hause oder in Kleingruppen können Sie den Reflexionsbogen 2 (S. 32) austeilen und von den Kindern ausfüllen lassen (dann ca. 5–10 Minuten mehr Zeit einplanen).

Weisen Sie die Kinder auch darauf hin, dass kein Bild „schöner" als das andere ist.
Mit dieser Variante wird insbesondere das genaue Betrachten, das Ausformulieren der eigenen Gedanken und Feedbackgeben gefördert.

✿ 45-Minuten-Maldiktate:

Vorbereitung:
Auch für diese Maldiktate sollten Sie ausreichend Papierblätter (z. B. DIN A4 oder DIN A3) zur Verfügung stellen und ggf. die Bastelvorlagen in Klassenstärke kopieren. Um das Maldiktat als **stundenfüllende Einheit** zu verwenden, sehen Sie sich im Vorfeld die weiterführenden Ideen unter dem Vorlesetext an und probieren Sie diese aus. Das erfordert natürlich mehr Vorbereitungszeit, wird sich jedoch in einer erfolgreichen Umsetzung auszahlen.

Durchführung:
Achten Sie bei der **Arbeit im Plenum** darauf, dass möglichst alle Kinder gleichzeitig bereit sind.
Gemeinsam werden der Arbeitsplatz hergerichtet, die Arme verschränkt und die Ohren gespitzt. Lesen Sie den Text einmal langsam vor. Im zweiten Durchgang sollten Sie genügend Pausen einlegen, sodass alle Kinder mitkommen. Sie können auch stellenweise vor- oder zurückspringen, um die Anweisungen zu wiederholen. Das erfordert zwar ein gewisses Maß an Flexibilität, damit keine Unruhe entsteht, jedoch hat sich gezeigt, dass diese sich mit ein bisschen Übung schnell einstellt.

Besonders schnelle Kinder können ihr Bild noch mit zusätzlichen Details ausschmücken oder mit den weiterführenden Ideen beginnen.

Abschluss:
Für diese Maldiktate empfehle ich am Ende (oder auch in einer weiteren Stunde) eine gemeinsame Kunstwerksbetrachtung. Durch die weiterführenden Aufgaben wird jedes Bild anders aussehen. Besprechen Sie die Bilder und hängen Sie sie anschließend samt Vorlesetext als Galerie auf.

Ich wünsche Ihnen viel Freude mit dem Buch!
Magdalena Strasser

5-Minuten-Malldiktate

Ideal für:

- ✔ die Einzelarbeit
- ✔ Paar- und Gruppenarbeiten
- ✔ als Lückenfüller

Clown

Vorlesetext

✿ Räume deinen Platz auf.
Du brauchst ein Blatt Papier, einen Bleistift, einen Radiergummi, einen roten Buntstift, einen schwarzen Buntstift, einen orangenen Buntstift, einen dunkelgrünen Buntstift und einen gelben Buntstift.

QR-Code für den eingesprochenen Text

Lege das Blatt im Hochformat vor dich hin. Bist du bereit?

Zeichne mit dem Bleistift einen großen Kreis in die Mitte.

Mitten in den Kreis malst du einen kleineren, roten Kreis. Male den Kreis mit Rot vollständig aus.

Unter den roten Kreis zeichnest du einen schwarzen Halbkreis, der oben offen ist.

Über den roten Kreis malst du 2 schwarze Punkte als Augen.

Erkennst du schon, was es ist?
Richtig, ein Clown!

Male dem Clown orangene Locken.

Der Clown trägt auf dem Kopf einen kleinen, dunkelgrünen Hut mit einer gelben Blume.

Spitze, jetzt bist du fertig!

QR-Code für die Beispiellösung

© Verlag an der Ruhr | Autorin: Magdalena Strasser
Illustrationen: Bettina Weyland | www.verlagruhr.de

Eis

Vorlesetext

✿ **Räume deinen Platz auf.**
Du brauchst ein Blatt Papier, einen Bleistift, einen Radiergummi, einen hellbraunen Buntstift, einen dunkelbraunen Buntstift, einen gelben Buntstift, einen rosa Buntstift, einen roten Buntstift und einen dunkelgrünen Buntstift.

QR-Code für den eingesprochenen Text

Lege das Blatt im Hochformat vor dich hin. Bist du bereit?

Zeichne mit dem Bleistift ein Dreieck, dessen Spitze den oberen Rand berührt. Male es hellbraun an.

Drehe das Blatt herum, sodass die Spitze unten ist.

Zeichne nun mit dem dunkelbraunen Buntstift ein Waffelmuster in das Dreieck.

Erkennst du schon, was es wird?
Genau, ein Eis!

Du hast 3 Kugeln Eis bestellt:
eine gelbe Kugel Vanilleeis, eine rosa Kugel Erdbeereis und eine Kugel aus dunkelbraunem Schokoladeneis.
Male die Kugeln in deine Waffel.

Ganz oben auf die 3 Kugeln malst du noch eine rote Kirsche mit 2 dunkelgrünen Blättern.

Spitze, jetzt bist du fertig!

QR-Code für die Beispiellösung

© Verlag an der Ruhr | Autorin: Magdalena Strasser
Illustrationen: Bettina Weyland | www.verlagruhr.de

Frühlingswiese

Vorlesetext

✿ **Räume deinen Platz auf.**
Du brauchst ein Blatt Papier, einen Radiergummi, einen hellgrünen Buntstift, einen dunkelgrünen Buntstift, einen roten Buntstift, einen gelben Buntstift und einen orangenen Buntstift.

QR-Code für den eingesprochenen Text

Du zeichnest im Querformat. Lege das Blatt also quer vor dich hin. Bist du bereit?

Mit dem hellgrünen Buntstift zeichnest du am oberen Rand viele kleine Striche von oben nach unten. Der ganze obere Rand soll voll davon sein.
Nimm nun den dunkelgrünen Buntstift und zeichne ein paar Striche dazwischen.
Drehe das Blatt um. Prima, du hast eine Wiese gemalt!

In die Mitte der Wiese malst du mit Hellgrün einen Stängel.
Der Stängel ragt etwa bis zur Mitte des Blattes.
An dem Stängel wachsen 2 lange Blätter.
Links und rechts vom Stängel ragt jeweils noch ein weiterer Stängel mit 2 langen Blättern aus dem Boden heraus.

Male oben auf den mittleren Stängel ein großes, rotes U.
Schließe das U mit einer Zick-Zack-Linie.
Male oben auf den rechten Stängel ein großes, gelbes U.
Schließe das U mit einer Zick-Zack-Linie.
Male oben auf den linken Stängel ein großes, orangenes U.
Schließe das U mit einer Zick-Zack-Linie.

Male nun die Tulpen in der jeweiligen Farbe an.
Spitze, jetzt bist du fertig!

QR-Code für die Beispiellösung

© Verlag an der Ruhr | Autorin: Magdalena Strasser
Illustrationen: Bettina Weyland | www.verlagruhr.de

Geburtstags-Muffin

Vorlesetext

✿ **Räume deinen Platz auf.**
Du brauchst ein Blatt Papier, einen Bleistift, einen Radiergummi, einen hellblauen Buntstift, einen dunkelblauen Buntstift, einen hellbraunen Buntstift, einen schwarzen Buntstift und einen gelben Buntstift. Nimm auch eine Farbe deiner Wahl dazu.

QR-Code für den eingesprochenen Text

Lege das Blatt im Hochformat vor dich hin. Bist du bereit?

Zeichne mit dem Bleistift an der unteren Seite des Blattes ein großes Quadrat. Male das Quadrat hellblau aus.

Nimm dann den dunkelblauen Buntstift in die Hand. Zeichne in das Quadrat 3 Linien von oben nach unten, sodass du 4 gleich große Teile erhältst.

Zeichne mit dem Bleistift auf das Quadrat einen Halbkreis, der nach unten offen ist. Achte darauf, dass der Halbkreis etwas breiter als das Quadrat ist. Schließe ihn mit einer geraden Linie und male den Halbkreis hellbraun an.

Lege deinen Finger ganz oben in die Mitte auf den Halbkreis und fahre mit dem Bleistift einmal um deinen Finger herum. An die Fingerspitze zeichnest du einen kurzen, schwarzen Strich.

Erkennst du, was es geworden ist?
Richtig, ein Muffin mit einer Kerze darauf!

Male die Kerze aus. Die Farbe darfst du dir aussuchen. Kannst du der Kerze auch noch eine gelbe Flamme zeichnen?

QR-Code für die Beispiellösung

Spitze, jetzt bist du fertig!

© Verlag an der Ruhr | Autorin: Magdalena Strasser
Illustrationen: Bettina Weyland | www.verlagruhr.de

Haus

Vorlesetext

✿ **Räume deinen Platz auf.**
Du brauchst ein Blatt Papier, einen Bleistift, einen Radiergummi, einen dunkelbraunen Buntstift, einen hellblauen Buntstift, einen roten Buntstift, einen gelben Buntstift und einen dunkelgrünen Buntstift.
Nimm auch eine Farbe deiner Wahl dazu.

QR-Code für den eingesprochenen Text

Du zeichnest im Querformat. Lege das Blatt also quer vor dich hin. Bist du bereit?

Zeichne mit dem Bleistift an der unteren Seite des Blattes ein großes Quadrat. Es soll so groß sein, dass deine ganze Hand in das Quadrat passt.

Auf das Quadrat malst du ein Dreieck als Dach.

Erkennst du, was es wird? Genau, ein Haus!

Male in das Haus eine dunkelbraune Tür.
Zeichne mit dem Bleistift über die Tür 2 Quadrate als Fenster.

Male mit einer Farbe deiner Wahl Vorhänge in die Fenster.

Nimm dann den hellblauen Buntstift und male damit die Fenster fertig an.

Male das Dach rot an und gib dem Haus einen gelben Anstrich.

Male nun noch einen Baum rechts neben das Haus.

Spitze, jetzt bist du fertig!

QR-Code für die Beispiellösung

© Verlag an der Ruhr | Autorin: Magdalena Strasser
Illustrationen: Bettina Weyland | www.verlagruhr.de

Menschen

Vorlesetext

✿ **Räume deinen Platz auf.**
Du brauchst ein Blatt Papier, einen Bleistift, einen Radiergummi, einen dunkelblauen Buntstift, einen gelben Buntstift, einen schwarzen Buntstift, einen roten Buntstift, einen hellgrünen Buntstift und einen dunkelbraunen Buntstift.

QR-Code für den eingesprochenen Text

Du zeichnest im Querformat. Lege das Blatt also quer vor dich hin. Bist du bereit?

Zeichne mit dem Bleistift in die Mitte des Blattes eine große Strichfigur. Rechts daneben zeichnest du eine etwas kleinere Strichfigur. Links von der großen Strichfigur steht eine noch kleinere Strichfigur.

Die mittlere Strichfigur hat eine lange, dunkelblaue Hose, ein gelbes T-Shirt und schwarze Schuhe an.
Die rechte Strichfigur trägt einen roten Rock, einen hellgrünen Pullover und dunkelbraune Schuhe.

Die linke Strichfigur sieht aus wie du. Sieh dir deine Kleidung gut an und male sie der Strichfigur an.
Male der Strichfigur auch deine Haare und deine Augenfarbe.

Die mittlere Strichfigur hat kurze, dunkelbraune Haare und dunkelbraune Augen.
Die rechte Strichfigur hat lange, blonde Haare und hellgrüne Augen.

Alle 3 lachen.

Spitze, jetzt bist du fertig!

QR-Code für die Beispiellösung

Sommer-Getränk

Vorlesetext

✿ Räume deinen Platz auf.
Du brauchst ein Blatt Papier, einen Bleistift, einen Radiergummi, einen hellblauen Buntstift, einen gelben Buntstift, einen roten Buntstift und einen orangenen Buntstift.

QR-Code für den eingesprochenen Text

Lege das Blatt im Hochformat vor dich hin.
Bist du bereit?

Zeichne mit dem Bleistift in die Mitte des Blattes ein großes Glas. Achte darauf, dass über dem Glas noch etwas Platz ist.

In dem Glas befinden sich 3 hellblaue Eiswürfel. Sie reichen bis zur Mitte des Glases.

Im Glas steckt ein gelb-rot gestreifter Strohhalm. Der Strohhalm ist nach rechts geknickt.

Am linken Glasrand steckt eine Orangenscheibe. Der Rand der Orange ist dunkler als das Fruchtfleisch. Drücke dazu etwas fester auf, sodass die Farbe dunkler wird.

Das Glas ist voll mit Orangensaft.

Spitze, jetzt bist du fertig!

QR-Code für die Beispiellösung

© Verlag an der Ruhr | Autorin: Magdalena Strasser
Illustrationen: Bettina Weyland | www.verlagruhr.de

Spinne

Vorlesetext

✿ Räume deinen Platz auf.
Du brauchst ein Blatt Papier, einen Bleistift, einen Radiergummi, einen gelben Buntstift, einen dunkelbraunen Buntstift, einen hellbraunen Buntstift und einen schwarzen Buntstift.

QR-Code für den eingesprochenen Text

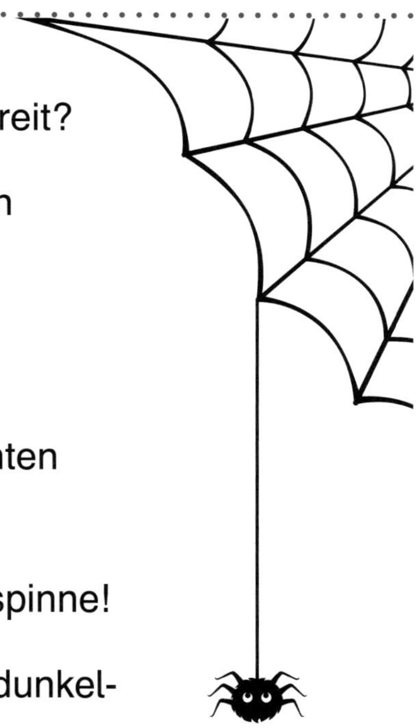

© Naddya – stock.adobe.com

Lege das Blatt im Hochformat vor dich hin. Bist du bereit?

Zeichne mit dem Bleistift in die Mitte des Blattes einen mittelgroßen Kreis. Über diesen Kreis zeichnest du einen etwas kleineren Kreis.

In die Mitte des großen Kreises malst du mit dem gelben Buntstift ein großes Kreuz – von oben nach unten und von links nach rechts.

Erkennst du schon, was es wird? Richtig, eine Kreuzspinne!

Oben am kleinen Kreis malst du der Spinne mit dem dunkelbraunen Buntstift 2 Beißwerkzeuge.

Zeichne der Spinne links und rechts vom Körper jeweils 4 Beine – immer abwechselnd in Hellbraun und Dunkelbraun.

Male nun die Spinne fertig an. Sie ist oben am Kopf schwarz und hat gelbe Augen. Der restliche Kopf und der Körper sind abwechselnd hellbraun und dunkelbraun gestreift.

Zeichne mit Bleistift noch ein Spinnennetz rund um die Spinne herum.

Spitze, jetzt bist du fertig!

QR-Code für die Beispiellösung

© Verlag an der Ruhr | Autorin: Magdalena Strasser
Illustrationen: Bettina Weyland | www.verlagruhr.de

Traktor

Vorlesetext

✿ **Räume deinen Platz auf.**
Du brauchst ein Blatt Papier, einen Bleistift, einen Radiergummi, einen schwarzen Buntstift, einen dunkelgrünen Buntstift, einen hellblauen Buntstift und einen gelben Buntstift.

QR-Code für den eingesprochenen Text

Du zeichnest im Querformat. Lege das Blatt also quer vor dich hin. Bist du bereit?

Zeichne am Boden des Blattes 2 schwarze Reifen.
Der rechte Reifen ist größer als der linke.

Das Innenleben der Reifen malst du mit dem Bleistift silbern an.

Zeichne mit dem dunkelgrünen Farbstift nun einen Traktor.
Dazu beginnst du etwas vor dem linken Reifen und zeichnest 2 große Treppenstufen, die fast das ganze Blatt füllen.
Am Ende der 2. Stufe malst du eine Linie nach unten, bis diese Linie den rechten Reifen an der rechten Seite berührt.
Ziehe auf der Unterseite des Traktors noch eine Linie zwischen den 2 Reifen. Zeichne auch eine kurze Linie von der Treppe bis zum linken Reifen. Fertig ist der Umriss.
Aber Achtung, male ihn noch nicht an!

Das Dach des Traktors wird schwarz.
Male dem Traktor ein hellblaues Fenster.
Oben auf der Motorhaube ist ein gelber Auspuff.
Male mit dem Bleistift den grauen Rauch dazu.

Nun kannst du den Traktor grün anmalen.
Spitze, jetzt bist du fertig!

QR-Code für die Beispiellösung

© Verlag an der Ruhr | Autorin: Magdalena Strasser
Illustrationen: Bettina Weyland | www.verlagruhr.de

Winter

Vorlesetext

✿ **Räume deinen Platz auf.**
Du brauchst ein Blatt Papier, einen Bleistift, einen Radiergummi, einen schwarzen Buntstift, einen orangenen Buntstift, einen dunkelbraunen Buntstift und einen hellblauen Buntstift.

QR-Code für den eingesprochenen Text

Lege das Blatt im Hochformat vor dich hin. Bist du bereit?

Zeichne mit dem Bleistift am unteren Blattrand einen großen Kreis.
Auf diesen Kreis zeichnest du einen etwas kleineren Kreis.
Und auf den etwas kleineren Kreis malst du noch einen dritten, kleinen Kreis.

Erkennst du schon, was es wird? Genau, ein Schneemann!

Male ihm mit dem schwarzen Buntstift 3 Knöpfe an den Bauch.
Auf dem Kopf trägt er einen schwarzen Hut.

Jetzt kommt das Gesicht:
Male dem Schneemann 2 schwarze Augen und eine orangene Karotte als Nase. Damit unser Schneemann auch lächelt, malst du ihm noch 6 schwarze Punkte als Mund.

Zum Schluss malst du dem Schneemann 2 schwarze Arme und einen dunkelbraunen Besen in die rechte Hand.
Die Borsten des Besens zeigen nach oben.

Male um den Schneemann noch blaue Schneeflocken herum.

Spitze, jetzt bist du fertig!

QR-Code für die Beispiellösung

Reflexionsbogen 1

Vergleiche dein fertiges Bild mit einem anderen Kind. Schreibe auf.

✿ Was ist gleich?

....

....

....

✿ Was ist anders?

....

....

....

✿ Hast du eine Idee, warum die Bilder sich unterscheiden?

....

....

....

✿ Was kannst du das nächste Mal besser machen?

....

....

....

© Verlag an der Ruhr | Autorin: Magdalena Strasser
Illustrationen: Bettina Weyland | www.verlagruhr.de

15-Minuten-Malddiktate

Ideal für:

- ✔ Paar- und Gruppenarbeiten
- ✔ die ganze Klasse

Rollenkarte

Kopiervorlage

„Sprecher/Sprecherin“

Als **sprechendes Kind** beschreibst du das Bild ganz genau. Sieh dir das Bild also gut an und verwende kurze Sätze. Sprich langsam und deutlich.

Diese Sätze können dir helfen:

- ✔ Nimm einen gelben Stift.
- ✔ Zeichne eine Linie/einen Kreis/ein Quadrat …
- ✔ Der Kreis ist blau/rot/klein/groß …
- ✔ Rechts daneben malst du …
- ✔ Links unten in der Ecke ist …
- ✔ Über … ist …
- ✔ Male unter …

© Verlag an der Ruhr | Autorin: Magdalena Strasser
Illustrationen: Bettina Weyland | www.verlagruhr.de

Rollenkarte

Kopiervorlage

„Maler/Malerin“

Als **malendes Kind** hörst du besonders gut zu und malst . Stelle Fragen ? , wenn du unsicher bist und eine weitere Beschreibung für dein Bild brauchst.

Diese Sätze können dir helfen:

- ✔ Welche Farbe hat …?
- ✔ Wohin genau soll ich … malen?
- ✔ Wie groß/klein/lang soll ich … malen?
- ✔ Kannst du das bitte wiederholen?
- ✔ Kannst du das bitte genauer erklären?
- ✔ Stimmt es, dass …?

Rollenkarten-Set

Kopiervorlage

„Sprecher/Sprecherin“

„Maler/Malerin“

„Maler/Malerin“

„Maler/Malerin“

© Verlag an der Ruhr | Autorin: Magdalena Strasser
Illustrationen: Bettina Weyland | www.verlagruhr.de

Formen

Vorlesetext

Sieh dir das Bild mit den Formen gut an.
Welche Formen sind es? Welche Farben haben sie?
Wo sind die Formen?

Lies laut vor und beschreibe das Bild.
Nimm dir ein leeres Blatt Papier. Lege es quer vor dich hin.
Du brauchst einen Bleistift, einen Radiergummi und diese Farben:
rot, blau, …
Bist du bereit?

© Verlag an der Ruhr | Autorin: Magdalena Strasser
Illustrationen: Bettina Weyland | www.verlagruhr.de

Gedeckter Tisch

Sieh dir das Bild gut an.

Welches Essen siehst du? Welches Besteck erkennst du?
Was wurde noch gedeckt? Wo befinden sich die Dinge?

Lies laut vor und beschreibe das Bild.

Nimm dir eine Teller-Vorlage.
Du brauchst einen Bleistift, einen Radiergummi und diese Farben:
rosa, braun, …
Bist du bereit?

© Verlag an der Ruhr | Autorin: Magdalena Strasser
Illustrationen: Bettina Weyland | www.verlagruhr.de

Teller-Vorlage

Kopiervorlage

Höre genau zu und male.

Stelle Fragen, wenn du Hilfe brauchst.

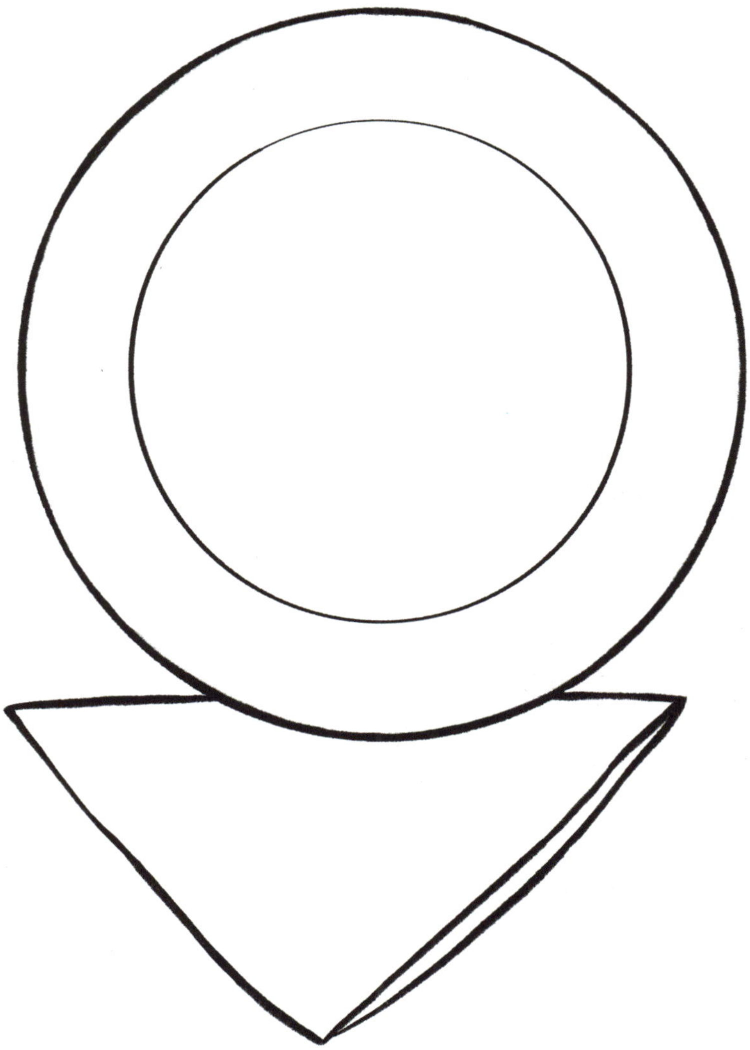

© Verlag an der Ruhr | Autorin: Magdalena Strasser
Illustrationen: Bettina Weyland | www.verlagruhr.de

Osterei

Vorlesetext

Sieh dir das Osterei gut an.
Es ist in 7 Bereiche aufgeteilt.
Welche Farben kommen vor? Welche Formen siehst du?

Lies laut vor und beschreibe das Bild.
Nimm dir eine Ei-Vorlage. Du brauchst einen Bleistift, einen Radiergummi und diese Farben: rot, gelb, …
Bist du bereit?

© Verlag an der Ruhr | Autorin: Magdalena Strasser
Illustrationen: Bettina Weyland | www.verlagruhr.de

Ei-Vorlage

Kopiervorlage

Höre genau zu und male.

Stelle Fragen, wenn du Hilfe brauchst.

© Verlag an der Ruhr | Autorin: Magdalena Strasser
Illustrationen: Bettina Weyland | www.verlagruhr.de

Schultisch

Vorlesetext

Sieh dir den Schultisch gut an.
Was siehst du? Wo liegen die Dinge?
Welche Farben haben sie?

Lies laut vor und beschreibe das Bild.
Nimm dir eine Tisch-Vorlage.
Du brauchst einen Bleistift, einen Radiergummi und diese Farben:
rot, grau, …
Bist du bereit?

© Verlag an der Ruhr | Autorin: Magdalena Strasser
Illustrationen: Bettina Weyland | www.verlagruhr.de

Tisch-Vorlage

Kopiervorlage

Höre genau zu und male.

Stelle Fragen, wenn du Hilfe brauchst.

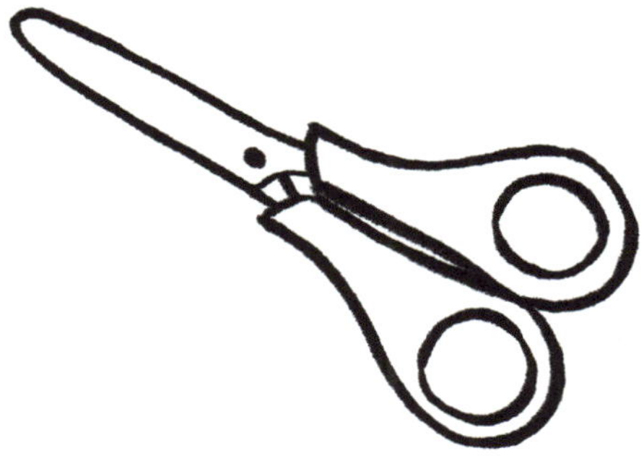

© Verlag an der Ruhr | Autorin: Magdalena Strasser
Illustrationen: Bettina Weyland | www.verlagruhr.de

Sombrero-Hut

Vorlesetext

Sieh dir den Hut gut an.
Er ist in 5 Bereiche aufgeteilt.
Welche Formen kommen vor? Welche Farben siehst du?

Lies laut vor und beschreibe das Bild.
Nimm dir eine Hut-Vorlage.
Du brauchst einen Bleistift, einen Radiergummi und diese Farben:
blau, grün, …
Bist du bereit?

© Verlag an der Ruhr | Autorin: Magdalena Strasser
Illustrationen: Bettina Weyland | www.verlagruhr.de

Hut-Vorlage

Kopiervorlage

Höre genau zu und male.

Stelle Fragen, wenn du Hilfe brauchst.

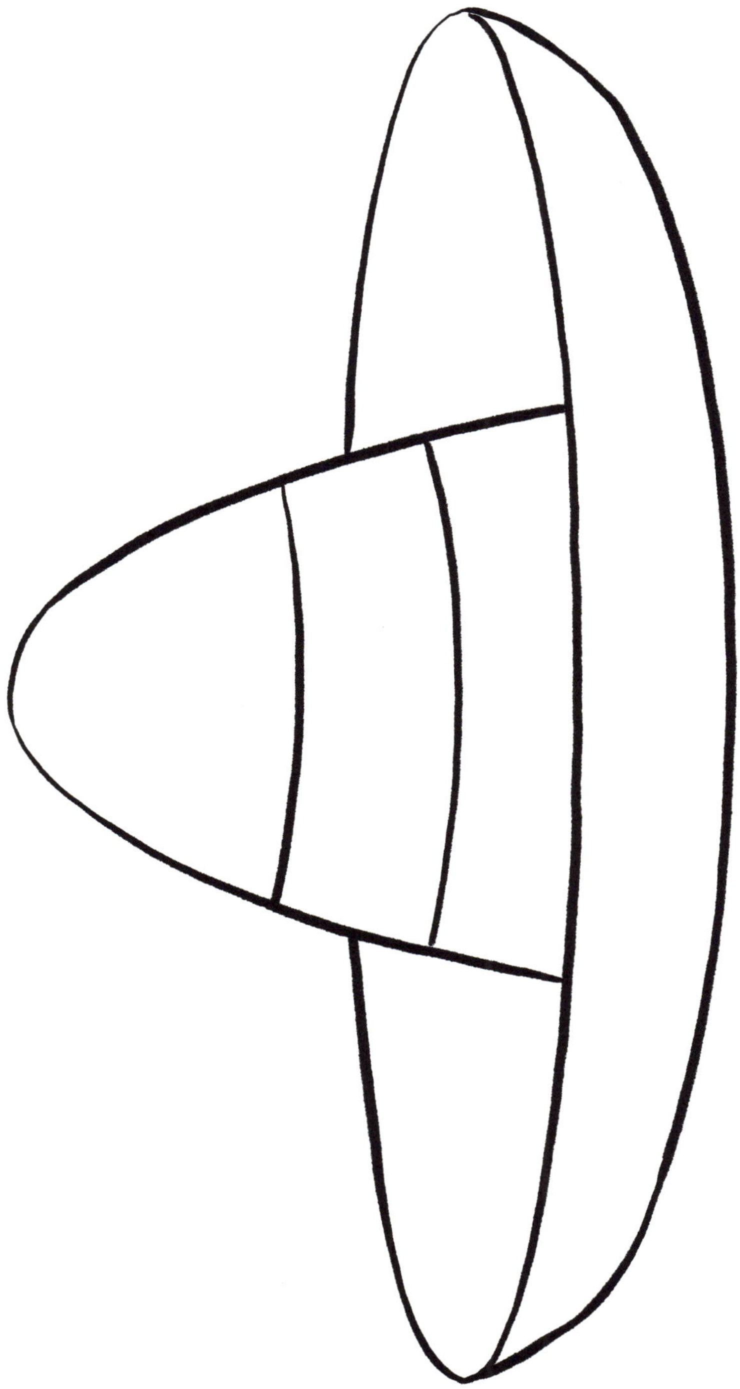

© Verlag an der Ruhr | Autorin: Magdalena Strasser
Illustrationen: Bettina Weyland | www.verlagruhr.de

Reflexionsbogen 2

Vergleiche dein fertiges Bild mit dem Original.

✿ Was ist gleich?

....

....

....

✿ Was ist anders?

....

....

....

✿ Warum unterscheiden sich dein Bild und das Original?

....

....

....

✿ Was könnt ihr das nächste Mal besser machen?

....

....

....

© Verlag an der Ruhr | Autorin: Magdalena Strasser
Illustrationen: Bettina Weyland | www.verlagruhr.de

45-Minuten-Maldiktate

Ideal für:

✔ eine eigenständige Stunde
(z. B. im Kunst- oder Vertretungsunterricht)

Boot (1/3)

Vorlesetext

✿ **Räume deinen Platz auf.**
Du brauchst ein leeres Blatt Papier, einen Bleistift, einen Radiergummi, einen dunkelblauen Buntstift, einen braunen Buntstift, einen gelben Buntstift, einen hellblauen Buntstift, einen roten Buntstift und einen dunkelgrünen Buntstift.

Du zeichnest im Querformat. Lege das Blatt also quer vor dich hin. Bist du bereit?

Beginne mit dem Bleistift. Zeichne in die Mitte des Blattes eine Linie von links nach rechts. Die Linie soll so lang sein wie deine Hand.

Verbinde beide Enden mit einem großen Halbkreis unterhalb der Linie.

Zeichne weitere Linien von links nach rechts in den Halbkreis hinein.

Erkennst du schon, was es wird? Genau, ein Boot!

Auf der rechten Seite zeichnest du noch ein kleines, rundes Fenster in das Boot.

In die Mitte des Bootes zeichnest du noch einen Mast. Dazu ziehst du eine Linie von oben nach unten.

Oben an der Mastspitze weht eine kleine Fahne nach rechts.

Das Boot hat auch ein Segel. Es ist ein großes Dreieck, das von dem Mast in 2 gleich große Hälften geteilt wird.

© Verlag an der Ruhr | Autorin: Magdalena Strasser
Illustrationen: Bettina Weyland | www.verlagruhr.de

Boot (2/3)

Vorlesetext

Unter dem linken Segel zeichnest du noch ein Steuerrad.

QR-Code für die Beispiellösung

Nun malst du das Bild an:

Nimm zuerst den dunkelblauen Buntstift.
Zeichne damit Wellenlinien, sodass das Boot schwimmen kann.

Das Boot und den Mast malst du braun an.

Das kleine Fenster bekommt einen gelben Rand und ist innen hellblau.

Das rechte Segel ist rot und weiß gestreift.

Das linke Segel ist dunkelgrün und rot gepunktet.

Die kleine Fahne oben am Mast ist gelb und trägt deinen Anfangsbuchstaben. Schreibe ihn mit dem Bleistift hinein.

Spitze, jetzt bist du fertig!

Weiterführende Idee und Bastelaufgabe:

✿ **Schreibe eine kurze Geschichte über das Boot.**
- → Was hat es schon erlebt? Was soll es erleben?
- → Wer segelt mit? Wohin segelt es?

✿ **Falte ein Papierboot.**
- → Male es an wie auf deinem Bild.
- → Erzähle einem anderen Kind deine Geschichte und lasse es dabei über den Tisch segeln.

© Verlag an der Ruhr | Autorin: Magdalena Strasser
Illustrationen: Bettina Weyland | www.verlagruhr.de

Faltanleitung „Papierboot “

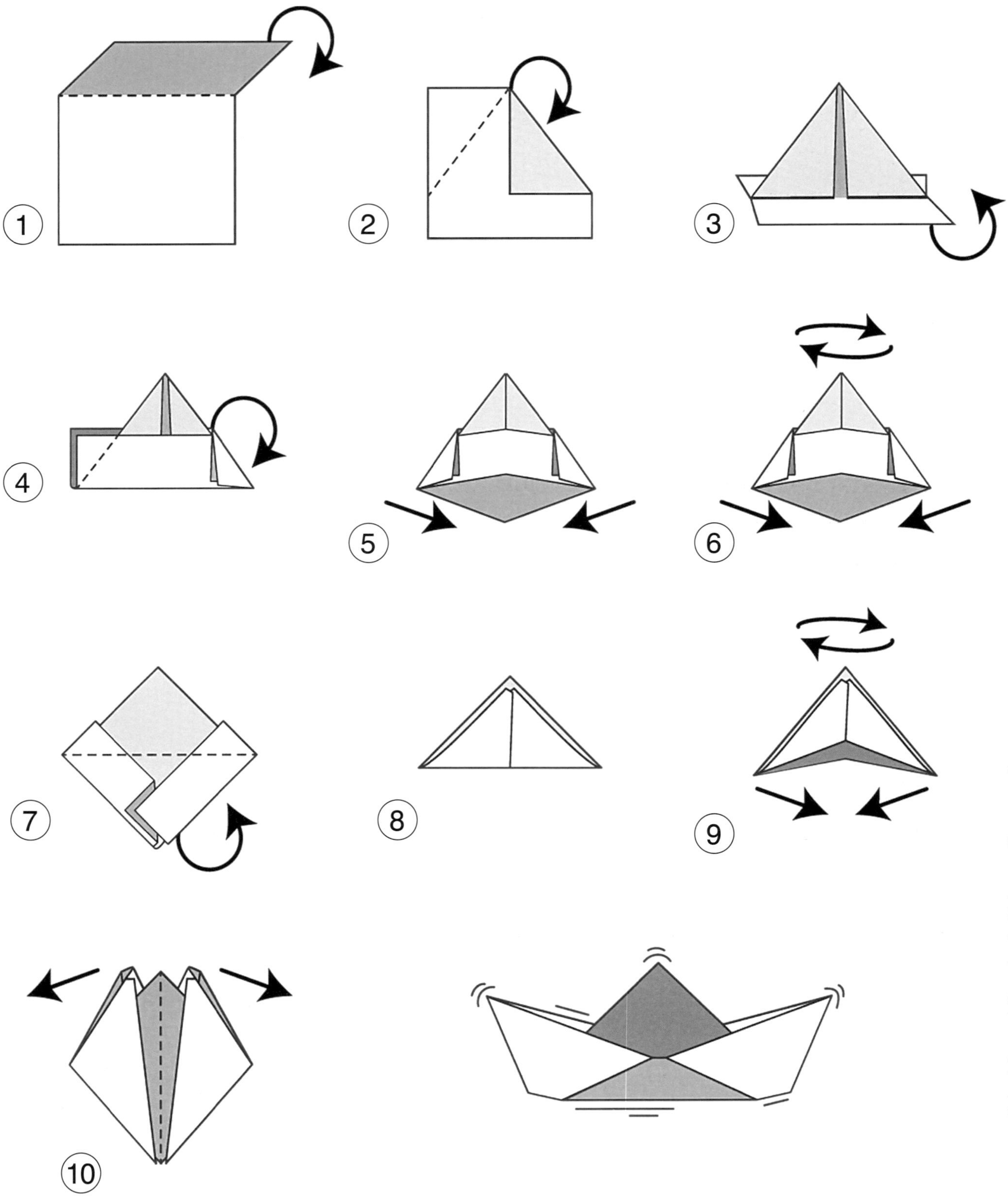

Faltanleitung: © Kozachenko Maksym – Shutterstock.com

© Verlag an der Ruhr | Autorin: Magdalena Strasser
Illustrationen: Bettina Weyland | www.verlagruhr.de

Igel (1/3)

Vorlesetext

✿ **Räume deinen Platz auf.**
Du brauchst ein leeres Blatt Papier, einen Bleistift, einen Radiergummi, eine Schere, einen Klebestift, einen schwarzen Buntstift, einen hellbraunen Buntstift, einen dunkelbraunen Buntstift, einen gelben Buntstift, einen grünen Buntstift, einen orangenen Buntstift und einen roten Buntstift.
Du bekommst einen Ausschneidebogen mit 3 Blättern darauf. Sieh sie dir gut an. Bist du bereit?

Die Kinder der Klasse 2b waren heute im Wald. Sie haben viel über die verschiedenen Waldtiere gelernt. Im Kunstunterricht zeichnen sie eines der Tiere. Kannst du erraten, welches es ist?

Nimm dein leeres Blatt Papier und lege es quer vor dich hin.

Zeichne mit dem Bleistift in die untere Hälfte des Blattes eine gerade Linie von links nach rechts.

Am linken Ende der Linie zeichnest du eine Zacke, indem du eine schräge Linie nach rechts oben ziehst. Die Linie ist ungefähr so lang wie dein Zeigefinger.

Verbinde nun das Ende der Zacke und das Ende der geraden Linie mit einem großen, runden Halbkreis.

An diesen Halbkreis zeichnest du eine Zick-Zack-Linie.
Eine Zacke berührt immer den Halbkreis.

Na, hast du schon erraten, welches Tier es ist?

Richtig, die Kinder zeichnen einen Igel!

© Verlag an der Ruhr | Autorin: Magdalena Strasser
Illustrationen: Bettina Weyland | www.verlagruhr.de

Igel (2/3)

Vorlesetext

Male dem Igel eine schwarze Nase und ein schwarzes Auge.
Auf seinem Rücken hat der Igel viele schwarze Stacheln.

Male den Igel braun an. Aber Achtung, sein Gesicht ist etwas heller. Nimm dafür den hellbraunen Buntstift.
Den Körper malst du dunkelbraun an.

QR-Code für die Beispiellösung

Nun brauchst du den Ausschneidebogen. Auf diesem siehst du 3 Blätter, die du jetzt bunt anmalst.

Das linke Blatt bekommt einen dunkelbraunen Stiel.
Du darfst es abwechselnd gelb und grün anmalen.

Das Blatt in der Mitte hat einen gelben Stiel. Das kleine Teilblatt am oberen Ende des Stiels malst du orange und gelb an. Die anderen kleinen Blätter darfst du so anmalen, wie es dir gefällt.
Das rechte Blatt hat einen roten Stiel und ist abwechselnd rot und orange gestreift.

Schneide nun alle 3 Blätter aus und klebe sie auf dein Bild mit dem Igel.
Vielleicht klebt auch ein Blatt auf dem Rücken des Igels?

Spitze, jetzt bist du fertig!

Weiterführende Idee und Detektiv-Aufgaben:

- Du kannst auch echte Blätter sammeln, pressen und auf deine Zeichnung kleben.
  Weißt du, zu welchem Baum die Blätter gehören?

- Informiere dich in einem Buch oder mit der Kindersuchmaschine *www.fragfinn.de*, warum Igel sich gern in Laubhaufen verstecken.
  Schreibe einen kurzen Text dazu und klebe ihn auf dein Bild.

© Verlag an der Ruhr | Autorin: Magdalena Strasser
Illustrationen: Bettina Weyland | www.verlagruhr.de

Kopiervorlage

Ausschneidebogen „Blätter“

© Verlag an der Ruhr | Autorin: Magdalena Strasser
Illustrationen: Bettina Weyland | www.verlagruhr.de

Kostümfest (1/3)

Vorlesetext

✿ **Räume deinen Platz auf.**
Du brauchst ein leeres DIN-A3-Blatt Papier, einen Bleistift, einen Radiergummi, eine Schere, einen Klebestift, einen gelben Buntstift, einen roten Buntstift, einen blauen Buntstift, einen schwarzen Buntstift, einen braunen Buntstift, einen lila Buntstift und einen grünen Buntstift.
Du bekommst einen Ausschneidebogen mit 4 Kindern darauf. Sieh sie dir gut an! Bist du bereit?

Heute feiert die Klasse 3a ein Kostümfest. Die Kinder haben sich verkleidet. Es gibt eine Siegerehrung der besten Kostüme.

Zeichne mit Bleistift in die Mitte unten ein langes Rechteck. Auf das Rechteck zeichnest du mittig ein kleines Quadrat.

Nimm den gelben Buntstift und schreibe eine große 1 in das Quadrat. In das Rechteck schreibst du mit dem roten Buntstift auf die linke Seite eine große 2. Nimm dann den blauen Buntstift und schreibe in die rechte Hälfte eine große 3.

Na, kannst du schon erraten, was es wird?

Genau, ein Siegertreppchen!

Male viele kleine, bunte Punkte auf das Siegertreppchen.

Jetzt wird es spannend. Welche Kinderkostüme haben wohl gewonnen?

Nimm den Ausschneidebogen in die Hand und höre gut zu.

Du malst die Kostüme erst fertig, bevor die Siegerehrung stattfindet.

© Verlag an der Ruhr | Autorin: Magdalena Strasser
Illustrationen: Bettina Weyland | www.verlagruhr.de

Kostümfest (2/3)

Vorlesetext

Male dem Piraten eine schwarze Augenklappe über das rechte Auge. Seine Hose ist braun und hat einen lila Flicken über dem linken Knie. Neben ihm steht eine Schatztruhe mit Goldmünzen.

QR-Code für die Beispiellösung

Die Meerjungfrau hat braune Haare. Als Haarschmuck verwendet sie einen Haarreif mit roten Perlen.

Zeichne der Astronautin den vergessenen Helm auf den Kopf. Sie trägt blaue Handschuhe und hat grüne Schuhe an.

Dem Clown fehlt eine große, rote Nase. Seine Schleife hat gelbe und grüne Streifen.

Schneide nun die Kinder sauber aus.

Das Kind, das gern ins Weltall fliegen möchte, steht auf dem 3. Platz. Klebe es auf das Siegertreppchen.

Den 2. Platz bekommt das Kind mit der Flosse. Es freut sich sehr. Klebe es auf seinen Platz.

Den 1. Platz hat das Kind mit der roten Nase gemacht. Klebe es auf das Siegertreppchen.

Zeichne noch bunte Konfetti und bunte Luftschlangen auf das Bild. Male die Kostüme der Kinder so an, wie sie dir gefallen.

Weiterführende Ideen:

- Welches Kostüm hat keinen Platz erreicht? Klebe es auf die Rückseite deines Bildes und male es so an, wie es dir gefällt. Zeichne ihm auch einen Trostpreis.
- Beschreibe das Kind möglichst genau.
- Wie viele Goldmünzen passen in seine Schatztruhe?

© Verlag an der Ruhr | Autorin: Magdalena Strasser
Illustrationen: Bettina Weyland | www.verlagruhr.de

Ausschneidebogen

© Verlag an der Ruhr | Autorin: Magdalena Strasser
Illustrationen: Bettina Weyland | www.verlagruhr.de

Laterne (1/2)

Vorlesetext

✿ **Räume deinen Platz auf.**
Du brauchst ein leeres Blatt Papier, einen Bleistift, einen Radiergummi, eine Schere (alternativ eine Prickelnadel), einen Klebestift, einen dunkelbraunen Buntstift, einen schwarzen Buntstift und eine Farbe deiner Wahl.
Du bekommst 4 Transparentpapier-Quadrate (ca. 10 cm x 10 cm) in 2 verschiedenen Farben (orange und gelb). Bist du bereit?

Es ist November und diese Woche feiert die Klasse 4b mit der ganzen Schule ein besonderes Fest. Kannst du erraten, was die Kinder feiern?

Lege das Blatt im Hochformat vor dich hin.

Zeichne mit Bleistift ein großes Rechteck auf dein Blatt. Die kurzen Seiten sind oben und unten, die langen Seiten sind links und rechts.

Verbinde die 2 oberen Ecken mit einem großen Halbkreis.

Oben an den Halbkreis zeichnest du mittig noch einen kleinen Kreis.

Vom Kreis weg malst du mit dem dunkelbraunen Buntstift eine dicke Linie bis an den Rand des Blattes. Die Linie darf so dick wie ein Finger sein.

Den kleinen Kreis und die Linie vom Halbkreis ziehst du mit dem schwarzen Buntstift kräftig nach.

Nimm wieder den Bleistift in die Hand und zeichne in das Rechteck in die rechte, obere Ecke einen Halbmond. Der Mond soll ein bisschen kleiner sein als das gelbe Papier-Quadrat.

© Verlag an der Ruhr | Autorin: Magdalena Strasser
Illustrationen: Bettina Weyland | www.verlagruhr.de

Laterne (2/2)

Vorlesetext

Zeichne noch 3 Sterne in das Rechteck. Die Sterne sollen auch etwas kleiner als die 3 übrigen Papier-Quadrate sein.

QR-Code für die Beispiellösung

Erkennst du schon, was es wird? Richtig, eine Laterne!

Male die Laterne in einer Farbe deiner Wahl an. Achtung, die Sterne und den Mond brauchst du aber nicht anzumalen.

Bist du bereit für den nächsten Schritt?

Nimm nun die Schere (die Prickelnadel) und schneide (prickel) die Sterne und den Mond aus dem Blatt aus.
Achtung, pike dafür vorsichtig mit der Schere in die Mitte der Figur und schneide nur innen.

Nun brauchst du den Klebestift und die Papier-Quadrate.

Drehe das Blatt um, sodass du deine Laterne nicht mehr siehst. Streiche die Ränder der Figuren mit Kleber ein und klebe je ein Papier-Quadrat darauf.

Drehe dein Blatt wieder um, sodass du die Laterne siehst, und schneide sie an den Außenrändern aus.

Spitze, jetzt bist du fertig und kannst die Laterne ans Fenster hängen!

Weiterführende Idee und Detektiv-Aufgaben:

- Wie heißt das Laternenfest, das die Klasse 4b feiert?
- Informiere dich in einem Buch oder mit der Kindersuchmaschine *www.fragfinn.de*, warum wir dieses Laternenfest feiern.
  Erkläre es deinem Lehrer/deiner Lehrerin.

© Verlag an der Ruhr | Autorin: Magdalena Strasser
Illustrationen: Bettina Weyland | www.verlagruhr.de

Vogelhaus (1/3)

Vorlesetext

✿ **Räume deinen Platz auf.**
Du brauchst ein leeres DIN-A3-Blatt Papier, einen Bleistift, einen Radiergummi, eine Schere, einen Klebestift, einen hellbraunen Buntstift, einen dunkelbraunen Buntstift, einen schwarzen Buntstift, einen gelben Buntstift, einen dunkelblauen Buntstift, einen roten Buntstift, einen grauen Buntstift (oder Bleistift) und einen hellblauen Buntstift.
Du bekommst einen Ausschneidebogen mit 3 Vögeln darauf.
Sieh sie dir gut an! Bist du bereit?

Elif und Matteo beobachten an einem Winternachmittag das bunte Treiben vor dem Fenster. Sie zeichnen auf, was sie sehen. Höre gut zu und male mit.

Lege das Blatt im Hochformat vor dich hin.

Nimm den Bleistift und zeichne in die Mitte des Blattes ein mittelgroßes Quadrat, in das ungefähr deine Hand passt.

Auf das Quadrat zeichnest du noch ein Dreieck als Dach.

Mittig unter das Quadrat zeichnest du von oben nach unten 2 Striche bis zum Ende des Blattes. Zwischen die 2 Striche passen ungefähr 2 Finger.

Na, erkennst du schon, was Elif und Matteo sehen?
Richtig, sie sehen ein kleines Vogelhäuschen.

Zeichne an den Stiel des Vogelhäuschens noch eine Sitzstange nach rechts.

Male dann das Vogelhäuschen hellbraun und dunkelbraun an.

© Verlag an der Ruhr | Autorin: Magdalena Strasser
Illustrationen: Bettina Weyland | www.verlagruhr.de

Vogelhaus (2/3)

Vorlesetext

Nimm jetzt den Ausschneidebogen zur Hand und höre gut zu. Du malst die Vögel zuerst bunt an.

QR-Code für die Beispiellösung

Wir beginnen mit dem Vogelkopf im Kreis. Sein Schnabel ist schwarz. Er hat ein gelbes Bäuchlein und der Rest seines Gefieders ist dunkelblau.

Der Vogel, der nach rechts fliegt, hat einen dunkelbraunen Schnabel, einen roten Bauch und ein graues Gefieder.

Der Vogel, der nach links fliegt, hat einen gelben Schnabel. Sein Bauch ist schwarz und er hat ein schwarzes Gefieder.

Schneide nun die Vögel sauber aus.

Klebe den Vogelkopf mittig in das Vogelhäuschen.
Der Vogel mit dem roten Bauch fliegt gerade auf das Dach.
Der schwarze Vogel sitzt auf der Sitzstange.

An der linken, unteren Ecke des Vogelhauses hängt noch eine kleine Futterkugel herab. Nimm dazu den schwarzen Buntstift für die Kordel und den dunkelbraunen Buntstift für die Kugel.

Zeichne nun noch mit einem hellblauen Buntstift kleine Punkte und kleine Schneeflocken rund um das Vogelhaus.

Spitze, jetzt bist du fertig!

Weiterführende Idee und Detektiv-Aufgaben:

- Verschönere dein Kunstwerk noch mit ein paar gebastelten oder gestanzten Schneeflocken (zum Beispiel aus Glitzerpapier).
- Finde heraus, welche Vögel auf deinem Bild zu sehen sind. (Blaumeise, Rotkehlchen und männliche Amsel)

© Verlag an der Ruhr | Autorin: Magdalena Strasser
Illustrationen: Bettina Weyland | www.verlagruhr.de

Vogelhaus (3/3)

Kopiervorlage

Ausschneidebogen „Vögel“

© Verlag an der Ruhr | Autorin: Magdalena Strasser
Illustrationen: Bettina Weyland | www.verlagruhr.de

Link-Liste & Download-Zugang

Link-Liste

Seite 8, Clown:

- **MP3:** cloud.verlagruhr.de/lerninhalt/BMQ8xD0A8sXC/
- **PDF:** cloud.verlagruhr.de/lerninhalt/svX4c6F7kYSc/

Seite 9, Eis:

- **MP3:** cloud.verlagruhr.de/lerninhalt/ejaeHFFxv2YF/
- **PDF:** cloud.verlagruhr.de/lerninhalt/Pt6WzOspINHE/

Seite 10, Frühlingswiese:

- **MP3:** cloud.verlagruhr.de/lerninhalt/DaomAPREKrvw/
- **PDF:** cloud.verlagruhr.de/lerninhalt/phnTRVvyv7tl/

Seite 11, Geburtstags-Muffin:

- **MP3:** cloud.verlagruhr.de/lerninhalt/TcuQyP8aKCm3/
- **PDF:** cloud.verlagruhr.de/lerninhalt/bSNqx3mlQKNJ/

Seite 12, Haus:

- **MP3:** cloud.verlagruhr.de/lerninhalt/YFZCWhFOZyrV/
- **PDF:** cloud.verlagruhr.de/lerninhalt/p8DwgOj1QPBt/

Seite 13, Menschen:

- **MP3:** cloud.verlagruhr.de/lerninhalt/o4Gv58BtwxZ6/
- **PDF:** cloud.verlagruhr.de/lerninhalt/acivOND9i2Lg/

Seite 14, Sommer-Getränk:

- **MP3:** cloud.verlagruhr.de/lerninhalt/c0XWoRItatJD/
- **PDF:** cloud.verlagruhr.de/lerninhalt/leV3tU8LrK1S/

Seite 15, Spinne:

- **MP3:** cloud.verlagruhr.de/lerninhalt/Gcqg5fFqTSGe/
- **PDF:** cloud.verlagruhr.de/lerninhalt/rUbhXKzwXNYk/

Seite 16, Traktor:

- **MP3:** cloud.verlagruhr.de/lerninhalt/oqoT53VLYdOh/
- **PDF:** cloud.verlagruhr.de/lerninhalt/zQLER2zogiBS/

Seite 17, Winter:

- **MP3:** cloud.verlagruhr.de/lerninhalt/h8t9tqXuKMQ5/
- **PDF:** cloud.verlagruhr.de/lerninhalt/ID0X0OKoTcy1/

Seite 35, Boot:

- **PDF:** cloud.verlagruhr.de/lerninhalt/p2WC30WnDYtJ/

Seite 38, Igel:

- **PDF:** cloud.verlagruhr.de/lerninhalt/gBKyPafoklMB/

Seite 41, Kostümfest:

- **PDF:** cloud.verlagruhr.de/lerninhalt/7P1Ik37M9Cio/

Seite 44, Laterne:

- **PDF:** cloud.verlagruhr.de/lerninhalt/muSmIPZ2yWE6/

Seite 46, Vogelhaus:

- **PDF:** cloud.verlagruhr.de/lerninhalt/OnWqi71fdX5i/

Ihr persönlicher Download-Zugang

Alle im Stream enthaltenen Maldiktate und Beispiellösungen können Sie auch unter folgendem Link oder über das Einscannen des QR-Codes herunterladen:

cloud.verlagruhr.de/lerninhalt/bkTKSIdRq9pg/

Passwort: Ble!$tift

Sollten der Link und der QR-Code ihre Gültigkeit verlieren, wenden Sie sich bitte an digitaleslernen@verlagruhr.de.